100개 캘리그라피로 쓴
100가지 은혜 말씀

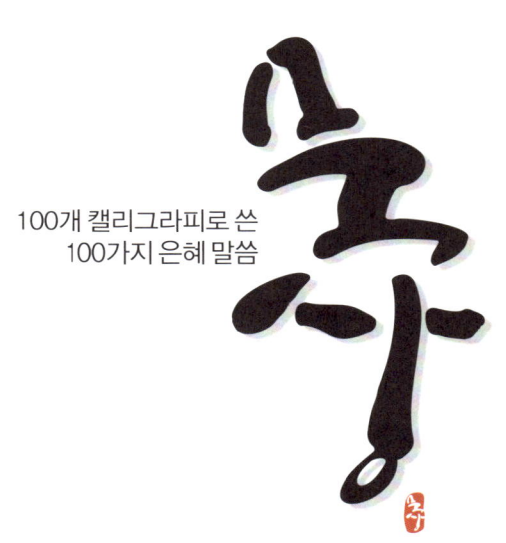

 ⓒ 김주원 2018

2018년 2월 20일 초판 발행

지은이 | 김주원
Photo | 김진설 · 황경아 · 김주원
펴낸곳 | (주)히스토그램
주　소 | 경기도 부천시 원미구 길주로1(상동, 영상문화단지)
　　　　(재)한국만화영상진흥원 만화비즈니스센터 306호
전　화 | (032)653-1432 / 010-3720-0803
http://blog.naver.com/jw0070mi
인스타그램 : Calligraphy_parm
facebook.com/jwgilmi
jwgilmi@hanmail.net
ISBN 979-11-962959-0-5

값 14,000원

※ 이 책에 실린 작품은 무단 복제, 도용을 금합니다.

김주원 캘리그라피

책을 내며

캘리그라피를 하게 된 것은 너무나 조그만 계기에 의해서 시작되었다. 단지 성경말씀을 이쁘게 쓰고 싶다는 욕구 때문이었다. 그렇게 시작된 캘리그라피.
하지만 지금은 거기서 그치지 않고 쓰면 쓸수록 더 깊이 빠져들게 되고 지금 여기까지 오게 된 것이다. 하지만 지금도 갈급하다. 글씨라는 것이 이렇게 나를 휘어잡을 줄 알지 못했던 거였다. 몇 십년을 서예에 빠져 있는 분들을 만났고 짧게나마 가르침을 받았다. 당연히 캘리그라피 선생님도 만나 가르침을 받았다. 가르치는 일도 하게 되었고 몇 번의 전시회도 하게 되었다.
글씨를 잘 쓰는 사람은 참 많다. 너무도 많다. 그런데 절망과 희망을 같은 글씨체로 쓴다는 게 이해가 안되는 것이다. 글씨에는 내 감정을, 지금의 내 생각을 담을 수 있다. 그 헤아릴 수 없는 짜릿함이 있다. 이 책을 기획하면서 후회도 했고 잠시 포기도 했다. 마지막 작업에 데이터의 오류로 자료가 없어지는 경험도 했다. 성경말씀을 캘리그라피로 쓴다는 것이 이렇게 힘들 줄 몰랐던 것이다.
이쁘게 써져 있는 말씀 캘리그라피는 가끔 접한다. 하지만 이쁘기만 하다. 그 말씀이 내 감정에 어떻게 와 닿는지 생각하지 않는다. 그렇게 기획한 이 책이 나오게 되었지만 난 아직 더 많은 글씨체를 보여 드리지 못한 것에 아쉬움이 많이 남는다.
삽화나 기교를 완전히 배제하고 이쁘게 쓰고 멋있게 쓰기보단 디자인 느낌과 가독성을 살리는 데에 초점을 맞췄다. 이제 막 캘리그라피에 입문하시는 분들에게도 조금이나마 도움이 되기를 바란다.
끝으로 이 책이 나오기까지 물심양면으로 도와주신 이종남 대표님과 저의 까칠한 요구대로 순순히 멋진 사진을 찍어준 김진설, 황경아 포토그래퍼에게도 감사를 드린다.

하나님께 감사와 영광을 돌린다.

먹물냄새가 진동하는 작은 공방에서

글씨에 마음을 담다

In the beginning God created
the heavens and earth.

Genesis 1:1

창세기 1장 1절

> Then go quickly and tell his disciples:
> 'He has risen from the dead
> and is going ahead of you into Galilee.
>
> Matthew 28:7

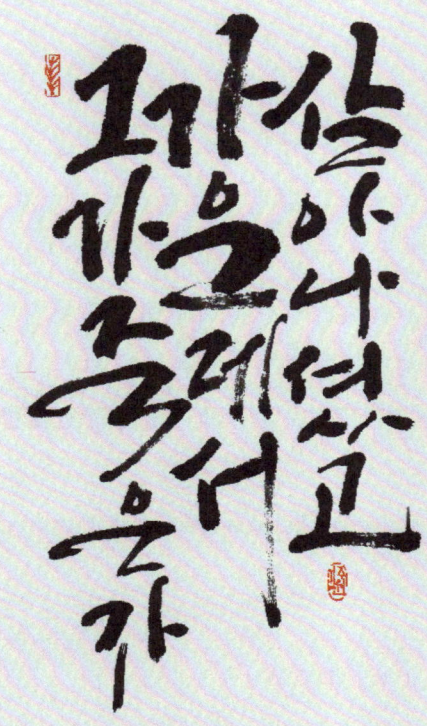

또 빨리 가서 그의 제자들에게 이르되
그가 죽은 자 가운데서 살아나셨고
너희보다 먼저 갈릴리로 가시나니 거기서 너희가 뵈오리라 하라
보라 내가 너희에게 일렀느니라 하거늘

마태복음 28장 7절

Blessed are those who dwell in your house;
they are ever praising you.

Psalm 84:4

Blessed and holy are those who have part in the first resurrection.
The second death has no power over them,
but they will be priests of God and of Christ and
will reign with him for a thousand years.

Revelation 20:6

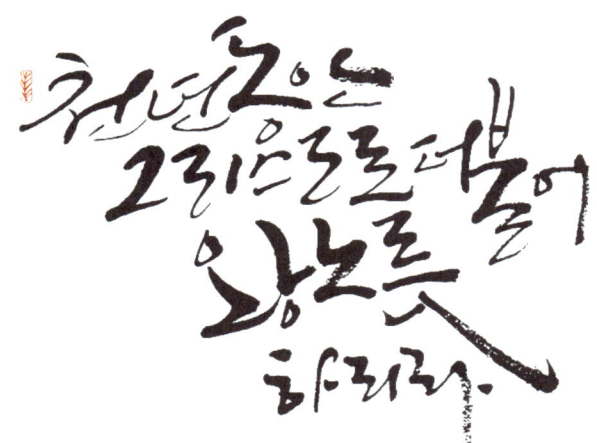

이 첫째 부활에 참여하는 자들은 복이 있고
거룩하도다 둘째 사망이 그들을 다스리는 권세가 없고
도리어 그들이 하나님과 그리스도의 제사장이 되어
천 년 동안 그리스도와 더불어 왕 노릇 하리라
요한계시록 20장 6절

But Christ has indeed been raised from the dead,
the firstfruits of those who have fallen asleep.

1 Corinthians 15:20

그리스도께서
다시살아
잠자는
자들의
첫열매가
되셨도다

고린도전서십오장이십절

I have been crucified with Christ and I no longer live,
but Christ lives in me. The life I live in the body,
I live by faith in the Son of God,
who loved me and gave himself for me.

Galatians 2:20

이제 내가 육체 가운데
사는 것은 나를 사랑하사
나를 위하여 자기 자신을
버리신 하나님의 아들을
믿는 믿음 안에서 사는 것이라

갈라디아서 이장 이십절

For the wages of sin is death,
but the gift of God is eternal life in Christ Jesus our Lord.

Romans 6:23

죄의 삯은 사망이요
하나님의 은사는
그리스도 예수
우리 주 안에 있는
영생이니라

롬6:23

But when he, the Spirit of truth, comes,
he will guide you into all truth. He will not speak on his own;
he will speak only what he hears,
and he will tell you what is yet to come.

John 16:13

성령이 오시면
그가 너를
모두 진리
가운데로
인도하시리라
요한복음 십육장 십삼절

You are my friends if you do what I command.

John 15:14

너희는
내가 명하는 대로
행하면 곧
나의 친구라

요한복음 15장 14절

But if we walk in the light, as he is in the light,
we have fellowship with one another,
and the blood of Jesus, his Son,
purifies us from all sin.

1 John 1:7

예수의
피가
우리를
모든 죄에서
깨끗하게
하실것이요

요한1서1장7절

But with the precious blood of Christ,
a lamb without blemish or defect.

1 Peter 1:19

오직 흠 없고 점 없는
어린양 같은 그리스도의
보배로운 피로 된 것이라

베드로전서 1장 19절

In my Father's house are many rooms;
if it were not so, I would have told you.
I am going there to prepare a place for you.

John 14:2

내 아버지 집에
거할 곳이 많도다

요한복음 14장 2절

> But when the time had fully come,
> God sent his Son,
> born of a woman, born under law,
>
> Galatians 4:4

때가차매

때가차매하나님이그아들을보내사
여자에게서나게하시고율법아래
나게하신것은

갈라디아서4장4절

The boundary lines have fallen for me in pleasant places;
surely I have a delightful inheritance.

Psalm 16:6

내게 줄로 재어 준 구역은
아름다운 곳에 있음이여
나의 기업이 실로 아름답도다

시편 16편 6절

Glorious things are said of you, O city of God

Psalm 87:3

I have been crucified with Christ and I no longer live,
but Christ lives in me. The life I live in the body,
I live by faith in the Son of God,
who loved me and gave himself for me.

Galatians 2:20

내가
그리스도와
함께
십자가에
못박혔나니
그런즉
이제는
내가
사는것이
아니요
오직
내안에
그리스도께서
사시는것이라

갈라디아서이장이십절

But if we walk in the light, as he is in the light,
we have fellowship with one another,
and the blood of Jesus, his Son,
purifies us from all sin.

1 John 1:7

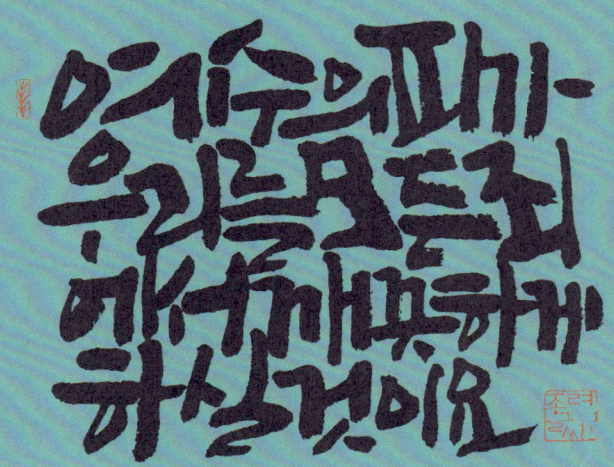

그가 빛 가운데 계신 것 같이
우리도 빛 가운데 행하면
우리가 서로 사귐이 있고
그 아들 예수의 피가 우리를
모든 죄에서 깨끗하게 하실 것이요

요한일서 1장 7절

Because of the tender mercy of our God,
by which the rising sun will come to us from heaven

Luke 1:78

돋는해가 위로부터 우리에게 임하여

이는 우리 하나님의 긍휼로 인함이라 이로써 돋는 해가 위로부터 우리에게 임하여

누가복음 1장 78절

I am the good shepherd.
The good shepherd lays down his life for the sheep.

John 10:11

나는 선한 목자라 선한 목자는
양들을 위하여 목숨을 버리거니와

요한복음 10장 11절

The Word became flesh and made his dwelling among us.
We have seen his glory, the glory of the One and Only,
who came from the Father, full of grace and truth.

John 1:14

말씀이 육신이 되어 우리 가운데 거하시매
우리가 그의 영광을 보니
아버지의 독생자의 영광이요 은혜와 진리가 충만하더라

요 1:14

But the angel said to them, 'Do not be afraid.
I bring you good news of great joy that will be for all the people.

Luke 2:10

If you then, though you are evil,
know how to give good gifts to your children,
how much more will your Father in heaven give the
Holy Spirit to those who ask him!

Luke 11:13

너희가 악할지라도
좋은 것을 자식에게
줄줄 알거든 하물며
하늘 아버지께서 구
하는 자에게 성령
을 주시지 않겠느냐
하시니라 눅11:13

Then Jesus said, 'Did I not tell you that if you believed, you would see the glory of God?'

John 11:40

하나님의 영광을 보리라

예수께서 이르시되 내 말이 네가 믿으면
하나님의 영광을 보리라 하지 아니하였느냐 하시니

요한복음 11장 40절

The LORD is my light and my salvation—whom shall I fear?
The LORD is the stronghold of my life—of whom shall I be afraid?

Psalm 27:1

Greater love has no one than this, that he lay down his life for his friends.

John 15:13

사람이 친구를 위하여
자기 목숨을 버리면
이보다 더 큰 사랑이
없나니

요 15:13

I lift up my eyes to the hills—where does my help come from?

Psalm 121:1

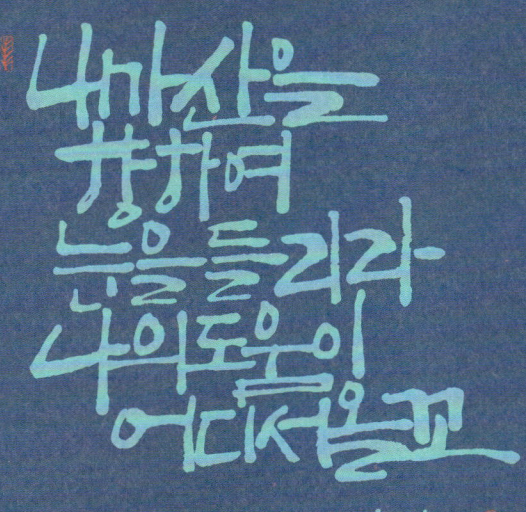

In the morning, O LORD, you hear my voice; in the morning
I lay my requests before you and wait in expectation.

Psalm 5:3

기도

아침에 내가 주께
기도하고 바라리이다

시편 5편 3절

Who shall separate us from the love of Christ?
Shall trouble or hardship or persecution or famine
or nakedness or danger or sword?

Romans 8:35

누가 우리를 그리스도의 사랑에서 끊으리요

누가 우리를 그리스도의 사랑에서 끊으리요
환난이나 곤고나 박해나 기근이나 적신이나 위험이나 칼이랴

로마서 8장 35절

But he was pierced for our transgressions,
he was crushed for our iniquities;
the punishment that brought us peace was upon him,
and by his wounds we are healed.

Isaiah 53:5

그가 찔림은 우리의 허물 때문이요
그가 상함은 우리의 죄악 때문이라
그가 징계를 받으므로
우리는 평화를 누리고
그가 채찍에 맞으므로
우리는 나음을 받았도다

이사야 53장 5절

Seek the LORD while he may be found;
call on him while he is near.

Isaiah 55:6

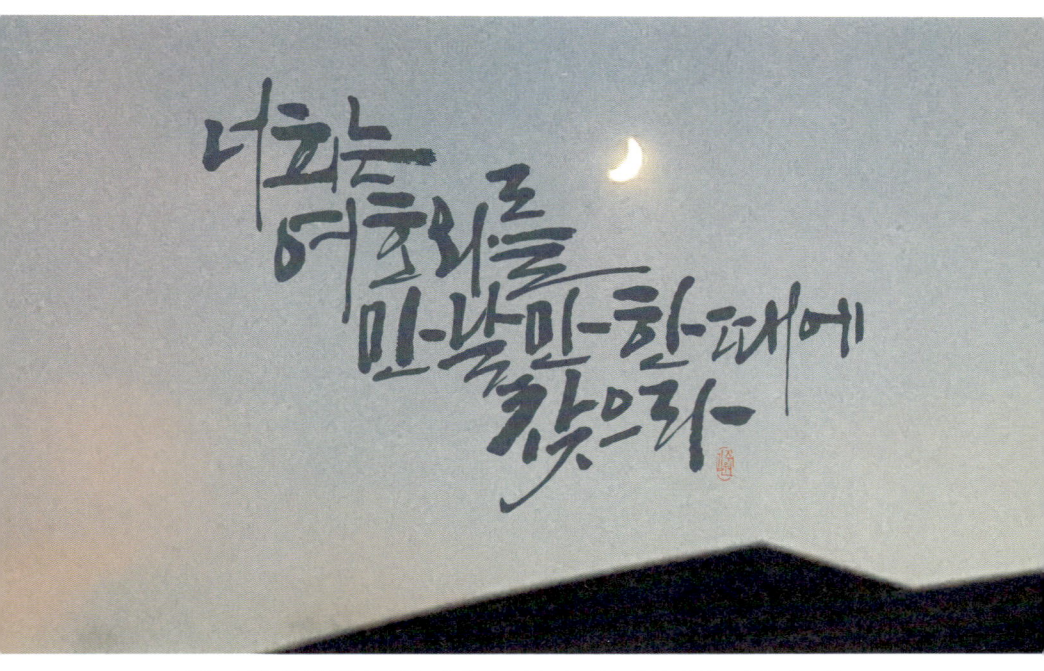

너희는 여호와를 만날 만한 때에 찾으라 가까이 계실 때에 그를 부르라

이사야 55장 6절

Peace I leave with you; my peace I give you.
I do not give to you as the world gives.
Do not let your hearts be troubled and do not be afraid.

John 14:27

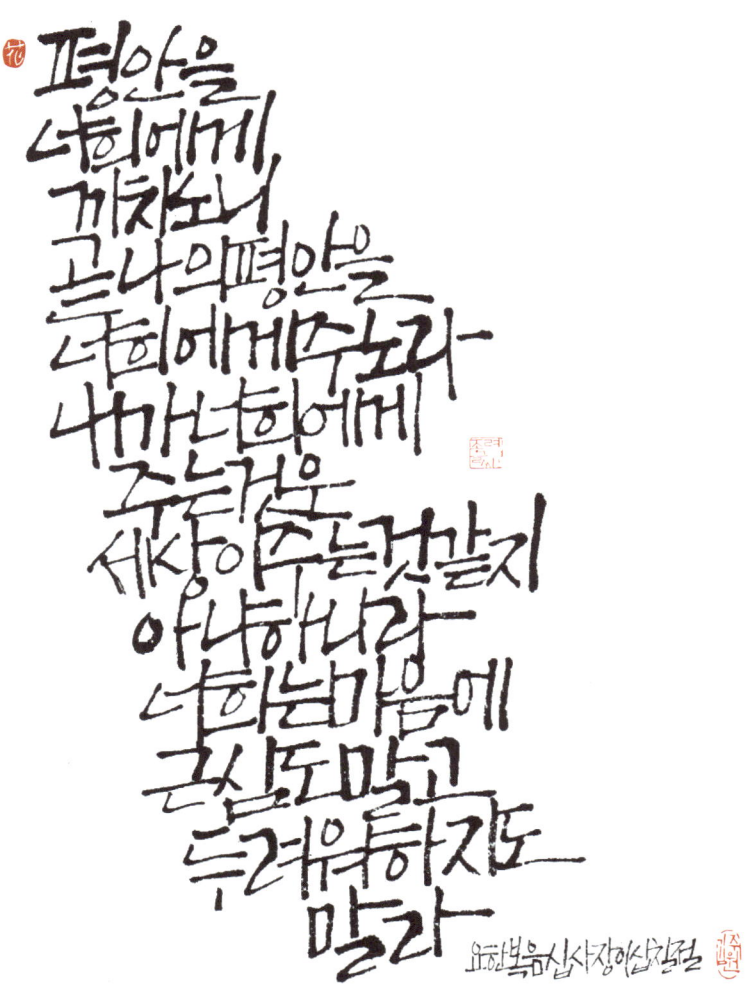

In that day they will say, 'Surely this is our God; we trusted in him,
and he saved us. This is the LORD, we trusted in him;
let us rejoice and be glad in his salvation.'

Isaiah 25:9

우리는 그 구원을 기뻐하며 즐거워 하리라

그 날에 말하기를 이는 우리의 하나님이시라
우리가 그를 기다렸으니 그가 우리를 구원하시리로다
이는 여호와시라 우리가 그를 기다렸으니
우리는 그의 구원을 기뻐하며 즐거워하리라 할 것이며

이사야 이십오장 구절

God is spirit, and his worshipers must worship
in spirit and in truth.

John 4:24

신령과 진정으로 예배할찌니라

하나님은 영이시니 예배하는 자가 신령과 진정으로 예배할찌니라

요한복음 4장 24절

"The most important one," answered Jesus, "is this: 'Hear, O Israel, the Lord our God, the Lord is one.

Mark 12:29

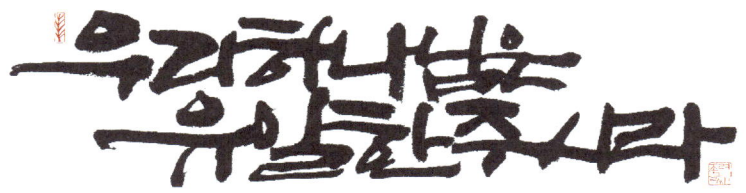

예수께서 대답하시되 첫째는 이것이니 이스라엘아 들으라
주 곧 우리 하나님은 유일한 주시라

마가복음 12장 29절

Arise, shine, for your light has come,
and the glory of the LORD rises upon you.

Isaiah 60:1

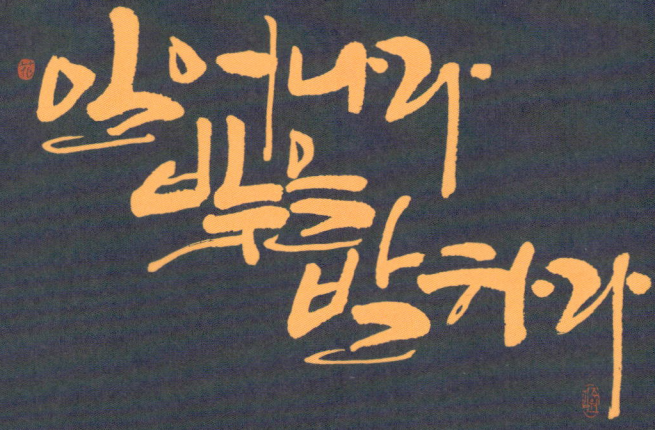

일어나라 빛을 발하라 이는 네 빛이 이르렀고
여호와의 영광이 네 위에 임하였음이니라

이사야 60장 1절

For where two or three come together in my name,
there am I with them.

Matthew 18:20

두세 사람이 내 이름으로 모이는 곳에는 나도 그들 중에 있느니라

마태복음 십팔장 이십절

For nothing is impossible with God.

Luke 1:37

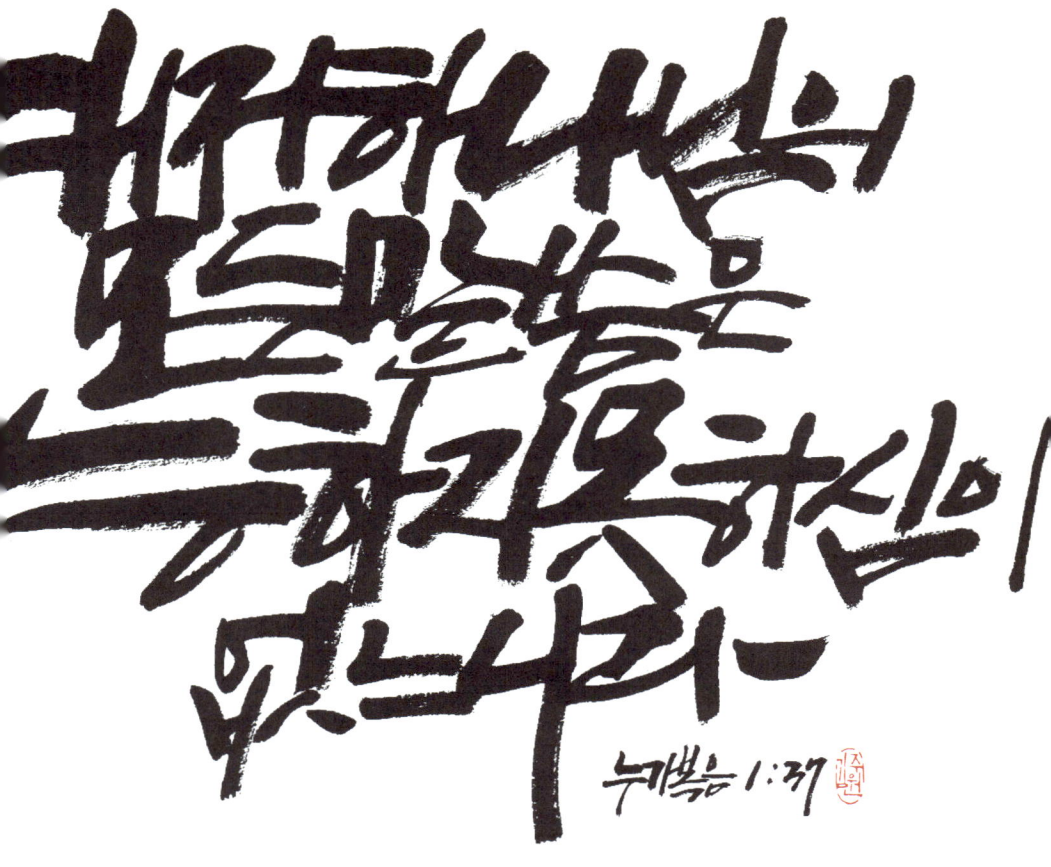

하나님의 말씀은 능치 못하심이 없느니라

누가복음 1:37

The eyes of the LORD are everywhere,
keeping watch on the wicked and the good.

Proverbs 15:3

여호와의 눈은
어디서든지
악인과 선인을
감찰하시느니라

잠언십오장삼절

Made us alive with Christ even when we were dead in transgressions —it is by grace you have been saved.

Ephesians 2:5

너희는 은혜로 구원을 받은 것이라

허물로 죽은 우리를 그리스도와 함께 살리셨고
(너희는 은혜로 구원을 받은 것이라)

에베소서 2장 5절

The heavens declare the glory of God;
the skies proclaim the work of his hands.

Psalm 19:1

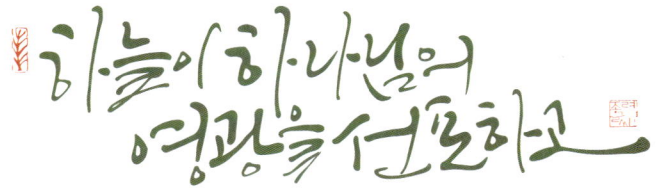

궁창이 그의 손으로 하신 일을 나타내는도다

시편 19편 1절

> But he knows the way that I take;
> when he has tested me, I will come forth as gold.
>
> Job 23:10

욥 23:10

내가 단련을 받은 후에는
내가 순금 같이 되어 나오리라
내가 가는 길을 그가 아시나니

And though a tenth remains in the land, it will again be laid waste.
But as the terebinth and oak leave stumps when they are cut down,
so the holy seed will be the stump in the land.'

Isaiah 6:13

거룩한 씨가 이땅의
그루터기니라

이사야 6장 13절

You will seek me and find me when you seek me
with all your heart.

Jeremiah 29:13

너희가 온 마음으로 나를 구하면
나를 찾을 것이요 나를 만나리라

렘 29:13

I consider that our present sufferings are not worth comparing with the glory that will be revealed in us.

Romans 8:18

우리를 긍휼히 여기사 복을 주시고

하나님은 우리를 긍휼히 여기사
복을 주시고 그 얼굴 빛으로
우리에게 비취사(셀라)

시편 67편 1절

All these people gave their gifts out of their wealth;
but she out of her poverty put in all she had to live on.

Luke 21:4

그 궁핍한
중에도
자기의
생활비
전부를
넣었느니라—

누가복음이신 일장사절

When they had finished eating, Jesus said to Simon Peter,
'Simon son of John, do you truly love me more than these?'
'Yes, Lord,' he said, 'you know that I love you.'
Jesus said, 'Feed my lambs.'

John 21:15

내가 주를 사랑하는 줄 주님께서 아시나이다

그들이 조반 먹은 후에 예수께서 시몬 베드로에게 이르시되
요한의 아들 시몬아 네가 이 사람들보다 나를 더 사랑하느냐 하시니 이르되
주님 그러하나이다 내가 주님을 사랑하는 줄 주님께서 아시나이다
이르시되 내 어린 양을 먹이라 하시고
요한복음 21장 15절

You are the light of the world. A city on a hill cannot be hidden.

Matthew 5:14

너희는 세상의
빛이라
산 위에 있는
동네가
숨겨지지 못할
것이요
마 5:14

And so we know and rely on the love God has for us.
God is love. Whoever lives in love lives in God,
and God in him. You are the light of the world.
A city on a hill cannot be hidden.

1 John 4:16

하나님이
우리를
사랑하시는
사랑을
우리가
알고믿었노니
하나님은
사랑이시니라

요한일서사장십육절

Peace I leave with you; my peace I give you.
I do not give to you as the world gives.
Do not let your hearts be troubled and do not be afraid.

John 14:27

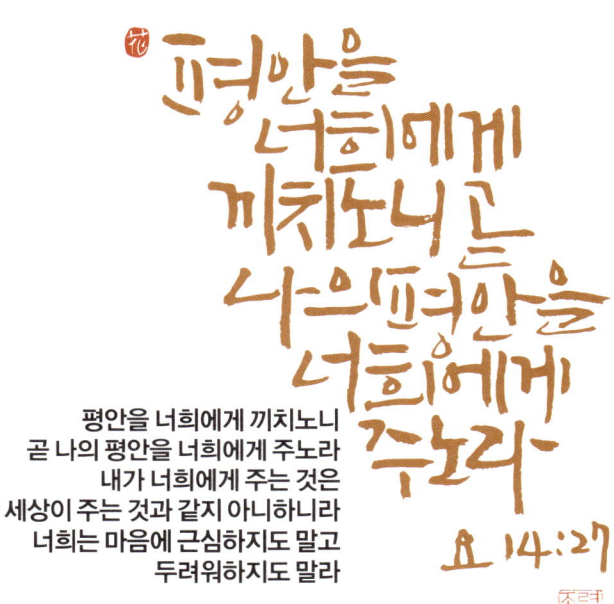

평안을 너희에게 끼치노니
곧 나의 평안을 너희에게 주노라
내가 너희에게 주는 것은
세상이 주는 것과 같지 아니하니라
너희는 마음에 근심하지도 말고
두려워하지도 말라

요한복음 14장 27절

Because it is consecrated by the word of God and prayer.

Timothy 4:5

하나님의 말씀과 기도로 거룩하여짐이라

디모데전서 4장 5절

'Come now, let us reason together,' says the LORD.
'Though your sins are like scarlet, they shall be as white as snow;
though they are red as crimson, they shall be like wool.

Isaiah 1:18

너희 죄가 주홍 같을지라도 눈과 같이 희어질 것이요

여호와께서 말씀하시되 오라 우리가 서로 변론하자
너희의 죄가 주홍 같을지라도 눈과 같이 희어질 것이요
진홍 같이 붉을지라도 양털 같이 희게 되리라

이사야 1장 18절

For if you forgive men when they sin against you,
your heavenly Father will also forgive you.

Matthew 6:14

용서

너희가 사람의 잘못을 용서하면 너희 하늘 아버지께서도 너희 잘못을 용서하시려니와

마태복음 6장 14절

Let us not become weary in doing good,
for at the proper time we will reap a harvest if we do not give up.

Galatians 6:9

우리가 선을 행하되 낙심하지 말지니 포기하지 아니하면 때가 이르매 거두리라
갈라디아서 6장 9절

Then you will know the truth, and the truth will set you free.

John 8:32

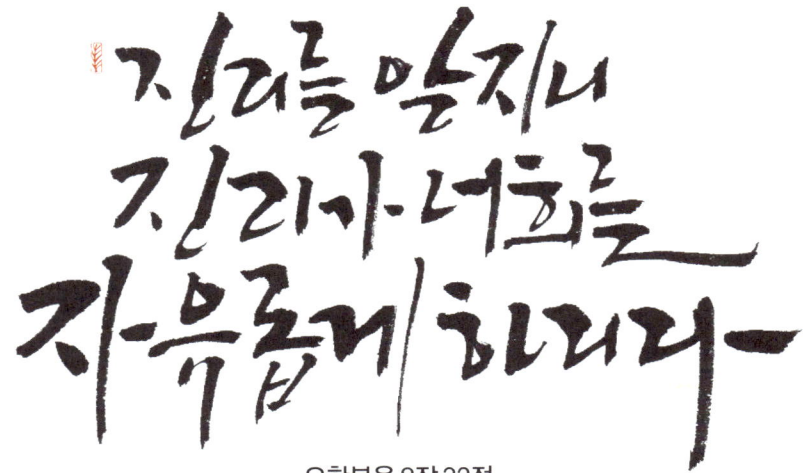

진리를 알지니
진리가 너희를
자유롭게 하리라

요한복음 8장 32절

Be kind and compassionate to one another,
forgiving each other,
just as in Christ God forgave you.

Ephesians 4:32

서로 친절하게 하며 불쌍히 여기며
서로 용서하기를 하나님이 그리스도 안에서
너희를 용서하심과 같이 하라

엡 4:32

So that your giving may be in secret.
Then your Father,
who sees what is done in secret,
will reward you.

Matthew 6:4

Dear children,
let us not love with words or tongue but with actions and in truth.

1 John 3:18

자녀들아 우리가 말과 혀로만 사랑하지 말고 행함과 진실함으로 하자

요한1서 3장 18절

And now these three remain: faith, hope and love.
But the greatest of these is love.

1 Corinthians 13:13

그런즉, 믿음, 소망, 사랑,
이 세가지는 항상 있을 것인데
그중에 제일은 사랑이라

고린도전서 13:13

May I never boast except in the cross
of our Lord Jesus Christ,
through which the world has been crucified to me,
and I to the world.

Galatians 6:14

Nothing in all creation is hidden from God's sight.
Everything is uncovered and laid bare
before the eyes of him to whom we must give account.

Hebrews 4:13

지으신 것이 하나도
그앞에 나타나지 않음이 없고
우리의 결산을 받으실 이의 눈앞에
만물이 벌거벗은 것같이 드러나느니라

히브리서사장십사절

Hatred stirs up dissension, but love covers over all wrongs.

Proverbs 10:12

마음은 다툼을 일으켜도
사랑은 모든 허물을
가리느니라

잠언 10:12

But I am like an olive tree flourishing in the house of God;
I trust in God's unfailing love for ever and ever.

Psalm 52:8

나는 하나님의 집에 있는
푸른 감람나무 같음이여
하나님의 인자하심을
영원히 의지하리로다

시 52:8

It is good to wait quietly for the salvation of the LORD.

Lamentations 3:26

사람이 여호와의
구원을 바라고
잠잠히 기다림이
좋도다

예레미야애가 3장 26절

Who shall separate us from the love of Christ?
Shall trouble or hardship or persecution or famine or
nakedness or danger or sword?

Romans 8:35

누가 우리를 그리스도의
사랑에서 끊으리요
환난이나 곤고나
박해나 기근이나 적신이나
위험이나 칼이랴

롬서 8:35

A new command I give you: Love one another.
As I have loved you, so you must love one another.

John 13:34

새 계명을 너희에게 주노니 서로 사랑하라
내가 너희를 사랑한 것 같이 너희도 서로 사랑하라

요13:34

We have this hope as an anchor for the soul, firm and secure.
It enters the inner sanctuary behind the curtain.

Hebrews 6:19

이 소망을 가지고
있는것은 영혼의 닻
같아서 튼튼하고 견고하여
휘장 안에 들어가나니

히브리서 6장 19절

May have power, together with all the saints, to grasp how wide
and long and high and deep is the love of Christ.

Ephesians 3:18

He will call upon me, and I will answer him;
I will be with him in trouble, I will deliver him and honor him.

Psalm 91:15

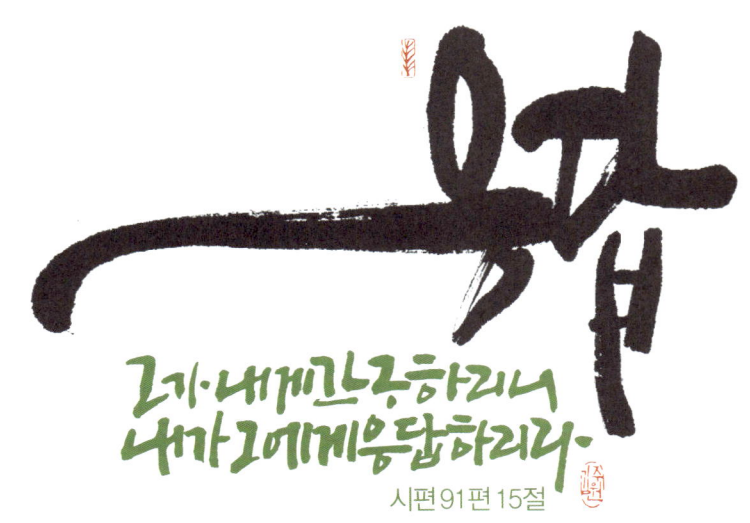

Come to me, all you who are weary and burdened,
and I will give you rest.

Matthew 11:28

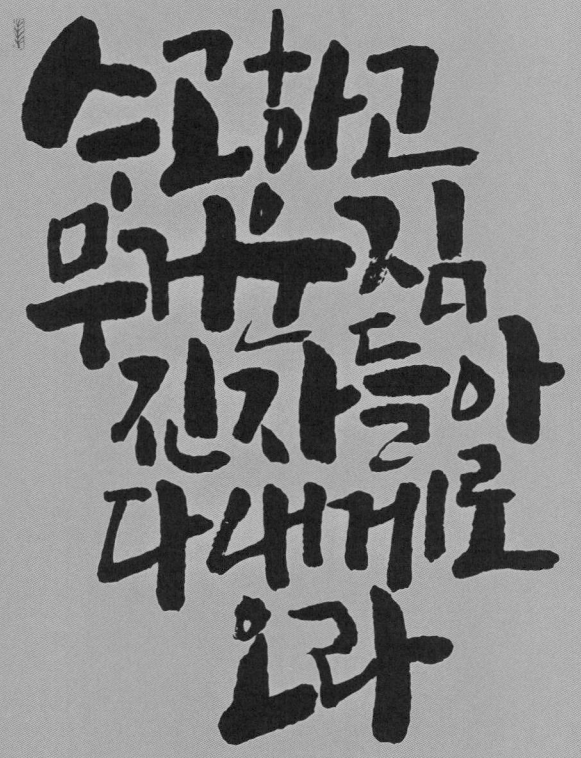

He brought them out of darkness and the deepest gloom
and broke away their chains.

Psalm 107:14

흑암과 사망의 그늘에서 인도하여 내시고 그들의 얽어 맨 줄을 끊으셨도다

시편 107편 14절

Remember how the LORD your God
led you all the way in the desert these forty years,
to humble you and to test you in order to know
what was in your heart,
whether or not you would keep his commands.

Deuteronomy 8:2

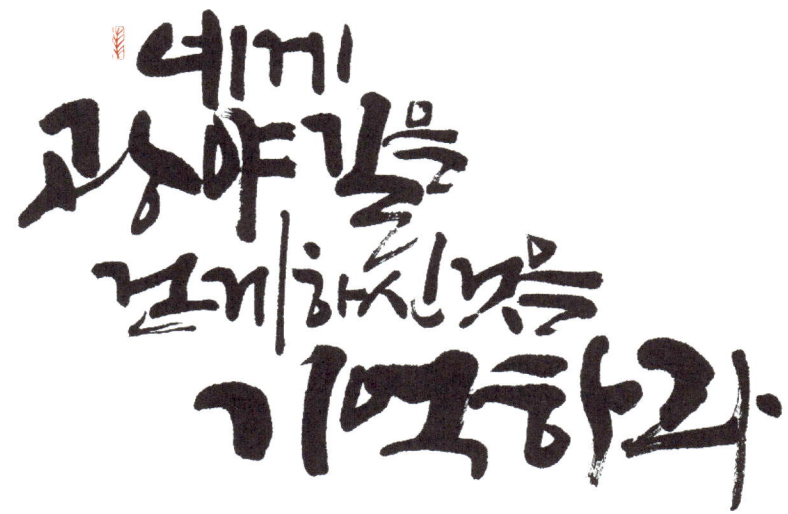

네 하나님 여호와께서 이 사십 년 동안에
네게 광야 길을 걷게 하신 것을 기억하라
이는 너를 낮추시며 너를 시험하사
네 마음이 어떠한지 그 명령을 지키는지
지키지 않는지 알려 하심이라

신명기 8장 2절

As the deer pants for streams of water,
so my soul pants for you, O God.

Psalm 42:1

하나님이여 사슴이
시냇물을 찾기에 갈급함 같이
내 영혼이 주를 찾기에
갈급하니이다

시편 42편 1절

Peter said to him, 'We have left everything to follow you!'

Mark 10:28

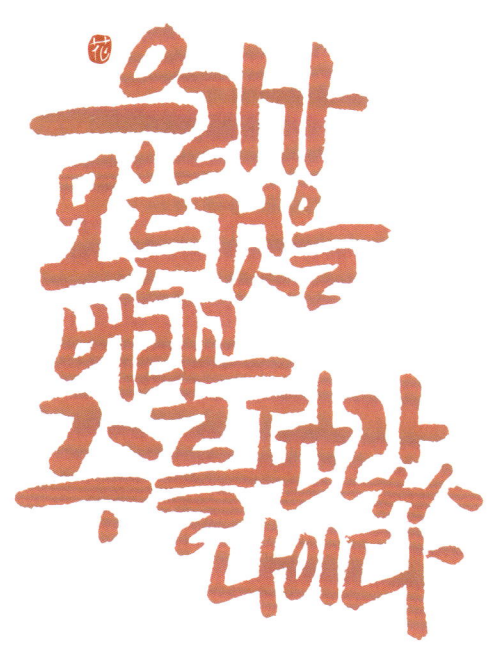

For in the gospel a righteousness from God is revealed,
a righteousness that is by faith from first to last,
just as it is written: 'The righteous will live by faith.'

Romans 1:17

복음에는 하나님의
의가 나타나서

복음에는 하나님의 의가 나타나서
믿음으로 믿음에 이르게 하나니
기록된 바 오직 의인은 믿음으로
말미암아 살리라 함과 같으니라

로마서 1장 17절

If a man cleanses himself from the latter,
he will be an instrument for noble purposes, made holy,
useful to the Master and prepared to do any good work.

2 Timothy 2:21

> 자기를
> 깨끗하게
> 하면
> 귀히쓰는
> 그릇이 되어

그러므로 누구든지 이런 것에서 자기를 깨끗하게 하면
귀히 쓰는 그릇이 되어 거룩하고 주인의 쓰심에 합당하며
모든 선한 일에 준비함이 되리라

디모데후서 2장 21절

Therefore, holy brothers,
who share in the heavenly calling, fix your thoughts on Jesus,
the apostle and high priest whom we confess.

Hebrews 3:1

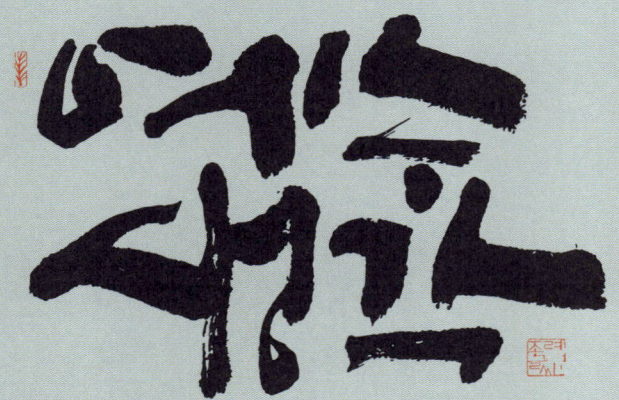

그러므로 함께 하늘의 부르심을 받은 거룩한 형제들아
우리가 믿는 도리의 사도이시며 대제사장이신
예수를 깊이 생각하라

히브리서 3장 1절

For you were once darkness, but now you are light in the Lord.
Live as children of light

Ephesians 5:8

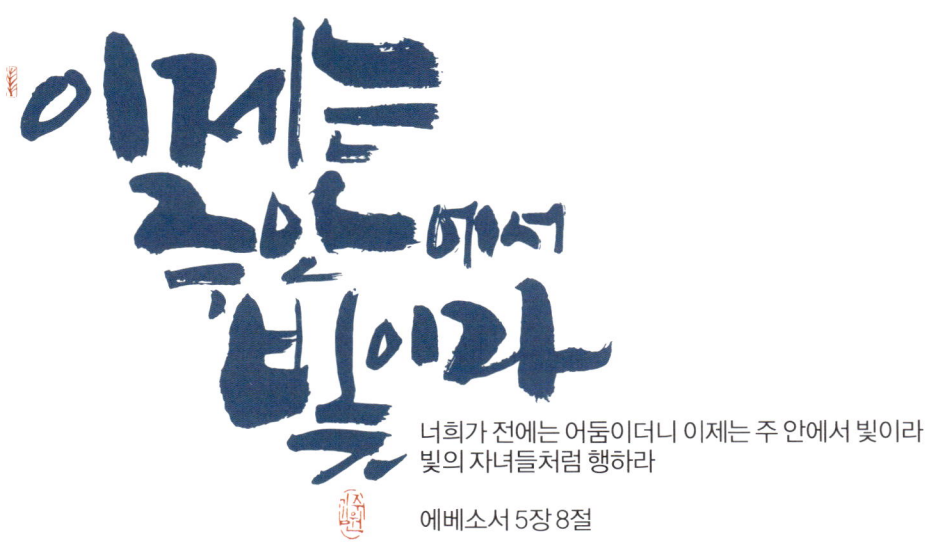

너희가 전에는 어둠이더니 이제는 주 안에서 빛이라
빛의 자녀들처럼 행하라

에베소서 5장 8절

The eternal God is your refuge,
and underneath are the everlasting arms.
He will drive out your enemy before you, saying,
'Destroy him!'

Deuteronomy 33:27

그의 영원하신 팔이
네 아래에 있도다

영원하신 하나님이 네 처소가 되시니
그의 영원하신 팔이 네 아래에 있도다
그가 네 앞에서 대적을 쫓으시며 멸하라 하시도다

신명기 33장 27절

Endure hardship with us like a good soldier of Christ Jesus.

2 Timothy 2:3

너는 그리스도의 좋은 병사로
나와 함께 고난을 받으라

딤후 2:3

Is any one of you in trouble? He should pray. Is anyone happy?
Let him sing songs of praise.

James 5:13

너희 중에 고난 당하는 자가 있느냐 그는 기도할 것이요
즐거워하는 자가 있느냐 그는 찬송할지니라

야고보서 5장 13절

"His master replied, 'Well done, good and faithful servant!
You have been faithful with a few things;
I will put you in charge of many things.
Come and share your master's happiness!'

Matthew 25:23

네 주인의
즐거움에
참여할지어다

그 주인이 이르되 잘하였도다 착하고 충성된 종아
네가 적은 일에 충성하였으매 내가 많은 것을 네게 맡기리니
네 주인의 즐거움에 참여할지어다 하고

마태복음 25장 23절

But you are a shield around me, O LORD;
you bestow glory on me and lift up my head.

Psalm 3:3

여호와여 주는 나의 방패시요
나의 영광이시요 나의 머리를
드시는 자니이다

시편 3편 3절

So do not fear, for I am with you; do not be dismayed,
for I am your God.
I will strengthen you and help you;
I will uphold you with my righteous right hand.

Isaiah 41:10

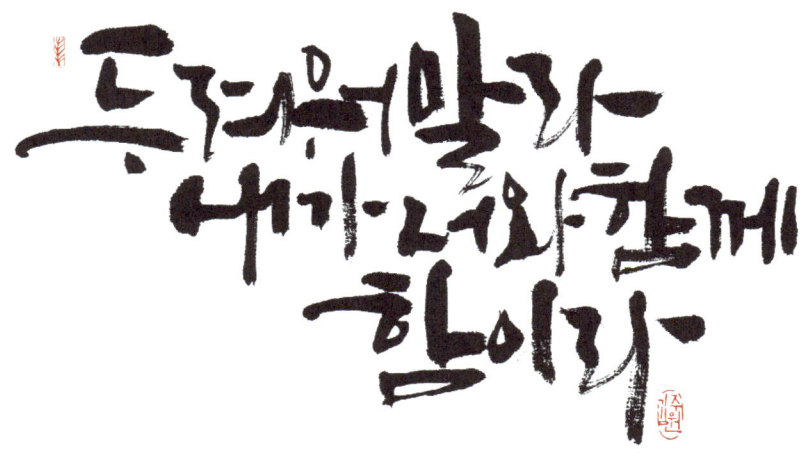

두려워하지 말라 내가 너와 함께 함이라 놀라지 말라
나는 네 하나님이 됨이라 내가 너를 굳세게 하리라
참으로 너를 도와 주리라
참으로 나의 의로운 오른손으로 너를 붙들리라

이사야 41장 10절

There is one body and one Spirit—just as you were
called to one hope when you were called—

Ephesians 4:4

몸이 하나요
성령도 한분이시니
이와같이
너희가
부르심의
한소망
안에서
부르심을
받았느니라

에베소서4장4절

For I know the plans I have for you,
' declares the LORD, 'plans to prosper you and not to harm you,
plans to give you hope and a future.

Jeremiah 29:11

너희를 향한 나의 생각을
내가 아나니 평안이요
재앙이 아니라
너희에게 미래와 희망을
주는 것이니라 렘29:11

Your decrees are the theme of my song wherever I lodge.

Psalm 119:54

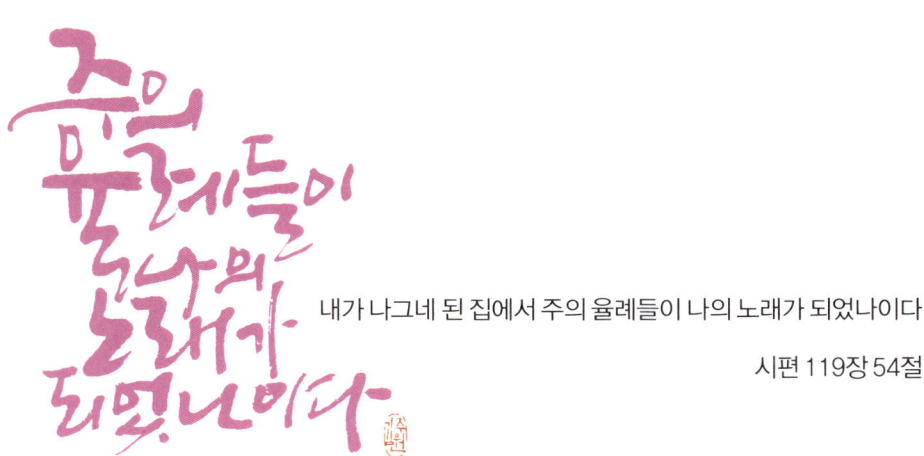

내가 나그네 된 집에서 주의 율례들이 나의 노래가 되었나이다

시편 119장 54절

Surely goodness and love will follow me all the days of my life,
and I will dwell in the house of the LORD forever.

Psalm 23:6

내 평생에
선하심과
인자하심이
반드시 나를
따르리니

시편 23:6

Keep me as the apple of your eye;
hide me in the shadow of your wings

Psalm 17:8

Therefore do not worry about tomorrow,
for tomorrow will worry about itself.
Each day has enough trouble of its own.

Matthew 6:34

그러므로 내일 일을 위하여 염려하지 말라
내일 일은 내일이 염려할 것이요
한 날의 괴로움은 그 날로 족하니라

마태복음 6장 34절

And being in anguish, he prayed more earnestly,
and his sweat was like drops of blood falling to the ground.

Luke 22:44

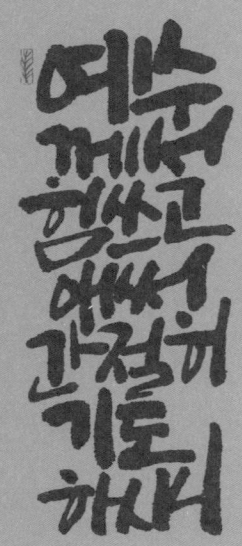

**예수께서
힘쓰고
애써 더욱
간절히
기도하시니
땀이 땅에
떨어지는
핏방울
같이
되더라**

누가복음 22:44

Make every effort to enter through the narrow door,
because many, I tell you, will try to enter and will not be able to.

Luke 13:24

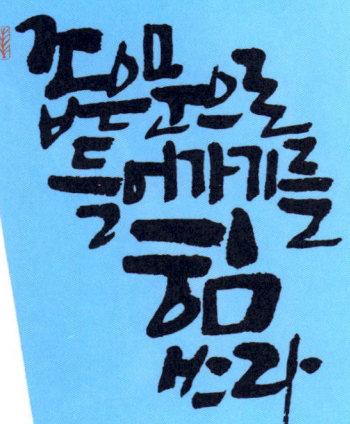

좁은 문으로
들어가기를 힘쓰라
내가 너희에게 이르노니
들어가기를 구하여도
못하는 자가 많으리라

누가복음 13장 24절

For he says, "In the time of my favor I heard you,
and in the day of salvation I helped you.
" I tell you, now is the time of God's favor,
now is the day of salvation.

2 Corinthians 6:2

지금은 구원의 날이로다

이르시되 내가 은혜 베풀 때에 너에게 듣고
구원의 날에 너를 도왔다 하셨으니
보라 지금은 은혜 받을 만한 때요
보라 지금은 구원의 날이로다

고린도후서 6장 2절

Leave your gift there in front of the altar.
First go and be reconciled to your brother;
then come and offer your gift.

Matthew 5:24

형제와 화목하고 그 후에 와서 예물을 드리라

예물을 제단 앞에 두고 먼저 가서
형제와 화목하고 그 후에 와서 예물을 드리라

마태복음 5장 24절

As long as it is day, we must do the work of him who sent me.
Night is coming, when no one can work.

John 9:4

때가 아직 낮이매 나를 보내신 이의 일을 우리가 하여야 하리라
밤이 오리니 그 때는 아무도 일할 수 없느니라

요한복음 9장 4절

Then Jesus said to his disciples,
'If anyone would come after me,
he must deny himself and take up his cross and
follow me.

Matthew 16:24

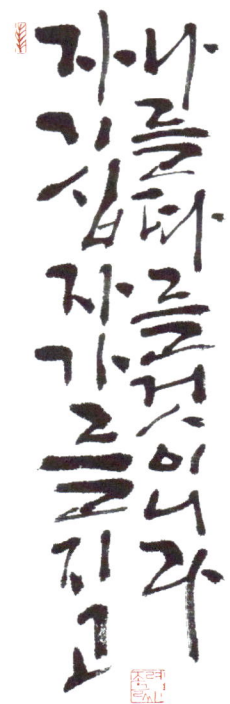

이에 예수께서 제자들에게 이르시되
누구든지 나를 따라오려거든
자기를 부인하고 자기 십자가를 지고
나를 따를 것이니라

마태복음 16장 24절

But glory, honor and peace for everyone who does good:
first for the Jew, then for the Gentile.

Romans 2:10

선을행하는
각사람에게는
영광과 존귀와
평강이있으리니

선을 행하는 각 사람에게는 영광과 존귀와 평강이 있으리니
먼저는 유대인에게요 그리고 헬라인에게라

로마서 2장 10절

Not only so, but we also rejoice in our sufferings,
because we know that suffering produces perseverance;
perseverance, character; and character, hope.

Romans 5:3-4

다만 이뿐 아니라 우리가 환난 중에도 즐거워하나니
이는 환난은 인내를, 인내는 연단을,
연단은 소망을 이루는 줄 앎이로다

로마서 5장 3절 4절

> The LORD came and stood there,
> calling as at the other times,
> 'Samuel! Samuel!' Then Samuel said,
> 'Speak, for your servant is listening.'
>
> 1 Samuel 3:10

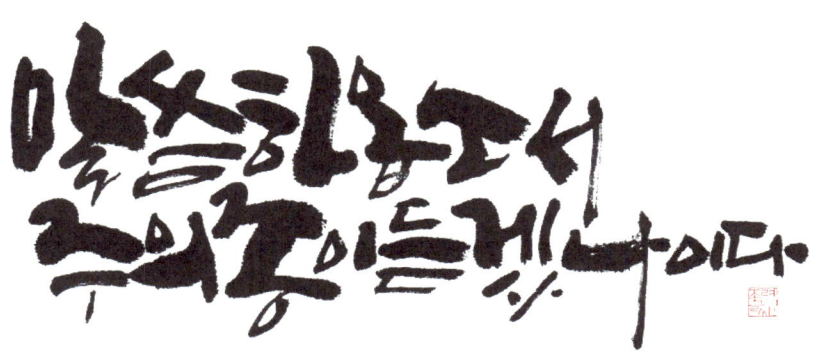

여호와께서 임하여 서서 전과 같이 사무엘아 사무엘아 부르시는지라 사무엘이 이르되 말씀하옵소서 주의 종이 듣겠나이다 하니

사무엘상 3장 10절

Do not be afraid of what you are about to suffer.
I tell you, the devil will put some of you in prison to test you,
and you will suffer persecution for ten days.
Be faithful, even to the point of death,
and I will give you the crown of

Revelation 2:10

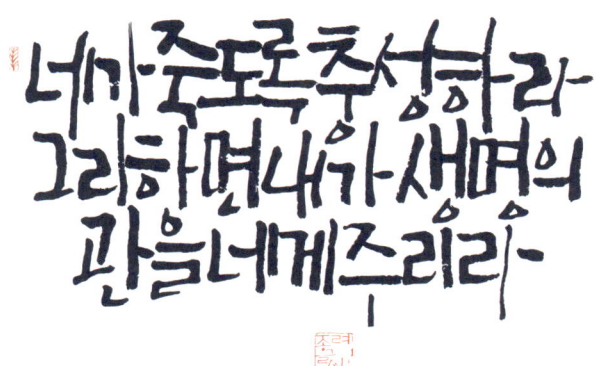

너는 장차 받을 고난을 두려워하지 말라 볼지어다
마귀가 장차 너희 가운데에서 몇 사람을 옥에 던져 시험을 받게 하리니
너희가 십 일 동안 환난을 받으리라 네가 죽도록 충성하라
그리하면 내가 생명의 관을 네게 주리라

요한계시록 2장 10절

> Now it is required that those who have been given a trust must prove faithful.
>
> 1 Corinthians 4:2

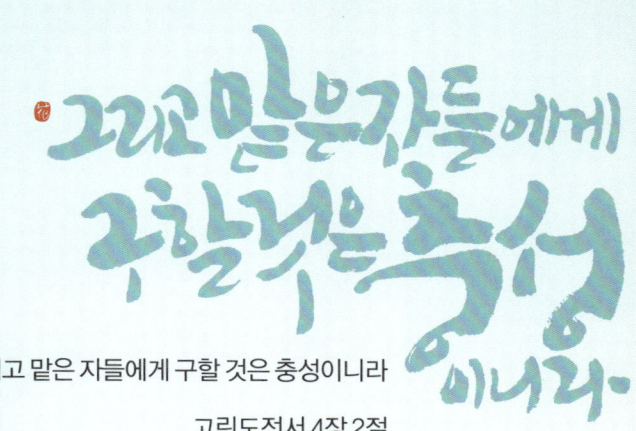

그리고 맡은 자들에게 구할 것은 충성이니라

고린도전서 4장 2절